Tacticas de Ventas

Andrew Howard

Andrew Howard

Página de Derechos de Autor

Andrew Howard

Andrew Howard

Indice

El Arte de la Venta Consultiva　　　　　　　　7
Cómo Venderle al Cerebro　　　　　　　　　14
La Técnica del Embudo de Conversión　　　23
Marketing de Contenidos para Potenciar las
Ventas　　　　　　　　　　　　　　　　　31
El Poder del Social Selling　　　　　　　　40
Automatización del Marketing y Ventas　　49
Ventas Basadas en Datos　　　　　　　　59
Estar en Todos Lados　　　　　　　　　　69
La IA en el Proceso de Ventas　　　　　　78
El Valor del Email Marketing Personalizado　89
Chatbots y Asistentes Virtuales　　　　　99
Ventas y Publicidad Programática　　　　108

Andrew Howard

El Arte de la Venta Consultiva

La venta consultiva es una de las tácticas más poderosas que un vendedor puede utilizar en el mundo actual. A diferencia de las ventas tradicionales, donde el enfoque principal es simplemente cerrar una venta, la venta consultiva se centra en comprender profundamente las necesidades del cliente y ofrecer una solución que realmente resuelva sus problemas. En esencia, se trata de vender valor, no productos. El vendedor se convierte en un asesor de confianza, alguien en quien el cliente puede confiar para guiarlo hacia la mejor decisión. Este enfoque no solo genera ventas a corto plazo, sino que también construye relaciones duraderas que pueden dar frutos durante años.

El primer paso en la venta consultiva es escuchar activamente. Muchos vendedores cometen el error de hablar demasiado, creyendo que al hacerlo demostrarán su conocimiento o convencerán al cliente. Sin embargo, la clave es hacer preguntas abiertas y permitir que el cliente hable sobre sus desafíos, metas y preocupaciones. Escuchar no significa simplemente oír lo que el cliente dice; significa prestar atención a las palabras, los matices y las emociones detrás de lo que están compartiendo. Este enfoque permite al vendedor identificar oportunidades ocultas y entender mejor cómo posicionar su oferta como la solución ideal.

Una vez que el vendedor ha obtenido una comprensión clara de las necesidades del cliente, el siguiente paso es personalizar la solución. En lugar de ofrecer una propuesta genérica, el vendedor debe adaptar su producto o servicio de manera que resuelva específicamente los problemas del cliente. Por ejemplo, si estás vendiendo software de gestión empresarial, en lugar de simplemente enumerar las características del programa, deberías enfocarte en cómo el software puede resolver el problema específico que el cliente mencionó durante la conversación. Si el cliente tiene dificultades para organizar sus inventarios, podrías mostrar cómo tu software le ayudará a gestionar eficientemente el inventario y evitar pérdidas. Esto no solo hace que la solución parezca más relevante, sino que también le muestra al cliente que realmente comprendes su situación.

El siguiente aspecto fundamental de la venta consultiva es generar confianza. Para que un cliente considere tu recomendación como válida, necesita confiar en ti. Esta confianza no se construye solo con palabras, sino con acciones. Cumplir con lo que prometes, ser honesto sobre las limitaciones de tu producto y mostrar interés genuino en el éxito del cliente son formas en las que puedes construir una relación de confianza. Un vendedor que solo busca cerrar una venta a toda costa perderá credibilidad rápidamente, mientras que uno que se preocupa por el bienestar del cliente logrará que este regrese una y otra vez.

Además, la venta consultiva no termina cuando se cierra el trato. Una vez que el cliente ha tomado la decisión de comprar, el vendedor debe mantenerse involucrado para asegurarse de que la solución está funcionando como se esperaba. Este seguimiento puede ser una simple llamada telefónica para verificar cómo va todo o una reunión de revisión para ajustar lo que sea necesario. Este tipo de atención postventa no solo mejora la satisfacción del cliente, sino que también abre la puerta a futuras oportunidades de ventas. Un cliente satisfecho es más propenso a comprarte nuevamente y, lo que es aún mejor, a recomendarte a otras personas.

La venta consultiva también tiene un impacto positivo en el equipo de ventas. Los vendedores que adoptan este enfoque suelen disfrutar más de su trabajo, ya que están ayudando activamente a sus clientes en lugar de simplemente cumplir con una cuota de ventas. Esta satisfacción laboral se traduce en mayor motivación, lo que a su vez mejora el rendimiento. Además, al concentrarse en crear valor para el cliente, los vendedores se diferencian de la competencia, lo que aumenta la probabilidad de cerrar más tratos.

Por otro lado, la venta consultiva requiere preparación. No es un enfoque que funcione si intentas improvisar sobre la marcha. El vendedor debe conocer a fondo el producto o servicio que está ofreciendo y, aún más importante, debe entender las industrias en las que se desenvuelven sus clientes. Esto permite al vendedor hacer recomendaciones bien fundamentadas y relevantes para el contexto específico del cliente. Investigar previamente sobre la empresa, el sector y los desafíos comunes que enfrentan puede marcar una gran diferencia. Cuando el cliente percibe que el vendedor es un experto en su campo, está más dispuesto a escuchar sus sugerencias.

Otro factor crucial es la paciencia. La venta consultiva no siempre es rápida, ya que requiere tiempo para comprender las necesidades del cliente y presentar una solución adecuada. Sin embargo, aunque pueda parecer un proceso más lento, los resultados son mucho más sólidos. Los clientes que se sienten escuchados y valorados son más propensos a comprometerse con la compra, y ese compromiso se traduce en una relación a largo plazo. No se trata de apresurar el proceso, sino de tomarse el tiempo necesario para ofrecer la mejor solución posible.

Es importante recordar que la venta consultiva también se puede aplicar en prácticamente cualquier tipo de industria. Desde productos tecnológicos hasta bienes raíces, este enfoque funciona porque se basa en la empatía, la personalización y la creación de valor. Ya sea que estés vendiendo servicios complejos o productos físicos, siempre puedes buscar entender mejor a tu cliente y ofrecerle una solución que realmente le aporte beneficios tangibles.

En resumen, el arte de la venta consultiva reside en cambiar el enfoque de la venta hacia el cliente. Se trata de escuchar, entender, personalizar y construir confianza. Este tipo de ventas no solo genera ingresos, sino que también fomenta relaciones duraderas que, con el tiempo, pueden ser aún más valiosas que una simple transacción. Es un enfoque que combina habilidades blandas con conocimientos técnicos, y que tiene el poder de transformar el rol del vendedor en uno mucho más estratégico y valioso para el cliente.

Cómo Venderle al Cerebro

Venderle al cerebro puede sonar como una tarea complicada, pero en realidad se trata de entender cómo funciona la mente humana al tomar decisiones de compra y utilizar esa información para influir en el cliente. A esto se le llama neuromarketing. En su esencia, el neuromarketing combina la psicología y el marketing para crear estrategias que atraigan los sentidos y emociones del cliente, aprovechando la forma en que el cerebro responde a ciertos estímulos. Las decisiones de compra no son puramente lógicas; en gran medida, están influenciadas por factores emocionales y subconscientes. Por eso, saber cómo apelar a esas emociones puede marcar una gran diferencia en la manera en que vendes un producto o servicio.

El cerebro humano está constantemente buscando maneras de simplificar la toma de decisiones. Nos enfrentamos a una sobrecarga de información todos los días, y nuestro cerebro necesita filtrar esa información para que podamos concentrarnos en lo que realmente importa. En este contexto, los vendedores y los especialistas en marketing tienen la oportunidad de destacar presentando sus productos de una manera que el cerebro pueda procesar fácilmente. Una de las maneras más efectivas de hacerlo es simplificando el mensaje. Si tu propuesta es demasiado complicada o confusa, el cerebro del cliente la ignorará. En cambio, si puedes presentar tu producto de forma clara y directa, con beneficios fáciles de entender, aumentarás las probabilidades de captar la atención del cliente.

Otro aspecto clave del neuromarketing es el uso de las emociones. Aunque a veces creemos que nuestras decisiones de compra son racionales, la verdad es que nuestras emociones juegan un papel fundamental en el proceso. El cerebro tiene una parte llamada sistema límbico que es responsable de las emociones, y esta área influye fuertemente en nuestras decisiones, incluyendo las de compra. Por ejemplo, cuando un cliente siente una conexión emocional con una marca o producto, es mucho más probable que lo elija sobre la competencia, incluso si los productos son similares. Así que una de las claves para venderle al cerebro es crear una conexión emocional a través de la historia de la marca, el diseño del producto o la experiencia que ofreces al cliente.

Un ejemplo claro de cómo las emociones afectan nuestras decisiones es el miedo a perderse algo, conocido como FOMO (fear of missing out, por sus siglas en inglés). Este es un poderoso gatillo emocional que muchas marcas utilizan para motivar a los clientes a actuar rápidamente. Cuando una oferta está disponible por tiempo limitado o cuando los productos son escasos, el cerebro entra en un estado de alerta, temiendo perder la oportunidad. Este miedo empuja a las personas a tomar decisiones más rápidas, muchas veces sin detenerse a pensar detenidamente. Utilizar este tipo de táctica puede ser muy efectivo si se emplea de manera honesta y con moderación.

La familiaridad es otro factor importante en el neuromarketing. El cerebro humano se siente más cómodo con lo que le resulta conocido. Cuando vemos algo familiar, nuestro cerebro lo procesa más rápido y lo asocia con sensaciones de seguridad y confianza. Por eso las marcas invierten tanto en crear una imagen coherente y reconocible, desde sus logos hasta los colores y las frases que usan en sus campañas. Si puedes hacer que tu marca o producto se sienta familiar para los clientes, incluso si es algo nuevo, aumentarás la probabilidad de que lo elijan.

Además, es importante tener en cuenta el poder de las imágenes. El cerebro procesa las imágenes mucho más rápido que el texto, y lo visual tiene un gran impacto en nuestras emociones. De hecho, el cerebro recuerda mejor las imágenes que las palabras. Por eso, en lugar de solo describir las características de un producto, es más efectivo mostrarlo en acción. Los anuncios que utilizan imágenes atractivas, colores llamativos y vídeos que cuentan historias tienden a captar más la atención y dejar una impresión más duradera en el cerebro de los clientes. Las imágenes no solo son más fáciles de procesar, sino que también pueden desencadenar emociones instantáneas que influyen en la decisión de compra.

El poder de la anticipación también juega un papel crucial. Cuando creamos expectativas en el cliente, estamos activando una parte del cerebro que busca la recompensa. Las marcas que crean campañas alrededor del misterio o que lanzan productos en ediciones limitadas generan una sensación de anticipación que motiva a las personas a involucrarse. Esto explica por qué muchas marcas utilizan lanzamientos exclusivos, eventos especiales o campañas de "próximamente". El cerebro humano ama la recompensa y la sensación de novedad, por lo que cuando se juega con la anticipación, se está apelando directamente a uno de los motores más básicos de la toma de decisiones.

Otro truco efectivo para venderle al cerebro es el uso de la prueba social. El cerebro está programado para seguir lo que otros están haciendo, especialmente cuando se trata de decisiones de compra. Este fenómeno se conoce como "validación social". Cuando vemos que muchas personas están usando o recomendando un producto, nuestro cerebro asume que debe ser una buena opción. Esta es la razón por la cual los testimonios, las reseñas de clientes y las recomendaciones son tan poderosas. Las plataformas de comercio electrónico lo saben muy bien, por eso destacan cuántas personas han comprado un producto o qué tan bien lo han valorado. Si puedes mostrar que tu producto ha sido probado y aprobado por otros, estarás aprovechando este sesgo psicológico a tu favor.

Además, está el principio de la reciprocidad, que es otra herramienta eficaz del neuromarketing. Este principio dice que cuando alguien recibe algo, siente el impulso de devolver el favor. Por ejemplo, cuando las marcas ofrecen muestras gratuitas, descuentos exclusivos o contenido de valor sin pedir nada a cambio, los clientes se sienten agradecidos y más inclinados a realizar una compra. Este principio funciona porque el cerebro siente que debe equilibrar la balanza, devolviendo el favor de alguna manera. No es casualidad que muchas tiendas online ofrezcan descuentos especiales para primeros compradores o envíos gratuitos; esto crea una sensación de deuda que el cerebro busca resolver haciendo una compra.

Por último, el uso del contraste es otra forma de captar la atención del cerebro. El cerebro humano está programado para notar las diferencias, por lo que cuando algo se destaca visual o conceptualmente, es más probable que capte nuestra atención. Esto se puede aplicar en las estrategias de marketing al presentar ofertas comparativas, como mostrar una opción premium al lado de una opción estándar. Cuando los clientes ven una diferencia clara entre dos opciones, el cerebro se siente inclinado a tomar una decisión más rápidamente. Además, cuando se utiliza el contraste para destacar las ventajas de tu producto frente a la competencia, estás ayudando al cerebro a procesar la información de manera más eficiente.

En resumen, venderle al cerebro no se trata solo de mostrar un producto y esperar que el cliente lo compre. Se trata de entender cómo funciona la mente humana y qué factores influyen en las decisiones de compra. Al utilizar estrategias de neuromarketing como simplificar el mensaje, apelar a las emociones, crear familiaridad, generar anticipación y aprovechar la validación social, puedes conectar más efectivamente con tu audiencia y aumentar las probabilidades de éxito en tus ventas. Vender no es solo una cuestión lógica; es una cuestión emocional, y al entender cómo funciona el cerebro, puedes diseñar una experiencia de compra que impacte en el lugar correcto: la mente del cliente.

La Técnica del Embudo de Conversión

La técnica del embudo de conversión es una de las herramientas más esenciales en el mundo de las ventas y el marketing digital. Se llama embudo porque comienza con un gran número de personas que muestran interés en tu producto o servicio, y poco a poco, a medida que avanzan por diferentes etapas, ese número se reduce hasta que solo quedan aquellos que realmente compran. Al final, son menos personas las que llegan a la conversión, es decir, a realizar la compra, pero el embudo está diseñado para que el proceso sea lo más eficiente posible, guiando a los clientes desde que escuchan sobre tu producto por primera vez hasta que deciden sacarse la billetera y hacer la compra.

El primer paso del embudo de conversión es la etapa de atracción. Aquí es donde debes capturar la atención de las personas que podrían estar interesadas en lo que ofreces. En este punto, tu objetivo no es vender de inmediato, sino simplemente generar conciencia de marca y atraer a posibles clientes. Las estrategias que puedes usar en esta etapa incluyen campañas de publicidad en redes sociales, blogs informativos, videos atractivos, anuncios pagados, y el uso de SEO para que los usuarios encuentren tu sitio web en los motores de búsqueda. Es fundamental que en esta etapa llames la atención con contenido relevante y de valor, algo que haga que la gente quiera saber más. Si tu mensaje es muy comercial o demasiado enfocado en la venta, podrías espantar a la audiencia, por lo que es clave ser sutil en esta fase.

Una vez que has captado la atención de tus posibles clientes, pasamos a la segunda etapa del embudo, conocida como la etapa de interés. Aquí es donde la gente ya sabe que existes y está un poco más interesada en lo que ofreces, pero aún no está lista para comprar. Ahora es tu oportunidad para educarlos, explicarles en detalle por qué tu producto o servicio es valioso y cómo puede resolver sus problemas o mejorar sus vidas. En esta fase, puedes utilizar herramientas como correos electrónicos informativos, contenido descargable, videos explicativos o demostraciones gratuitas. El objetivo es generar confianza y posicionarte como una autoridad en tu campo. Cuanta más información útil puedas brindar, más se inclinará el cliente a avanzar hacia la próxima etapa.

La siguiente fase del embudo de conversión es la consideración. En este punto, el cliente ya está evaluando si tu oferta es realmente la mejor opción. Aquí es donde el cliente empieza a comparar tu producto o servicio con otras opciones en el mercado. Durante esta fase, es importante que destaques tus ventajas competitivas, ya sea a través de casos de éxito, testimonios de clientes, reseñas, estudios de caso o demostraciones más detalladas. Debes hacerle ver al cliente potencial que tu solución es la que más le conviene, que es fácil de usar, accesible y que realmente puede ofrecerle los resultados que está buscando. La clave aquí es resaltar el valor de tu producto o servicio sin parecer que lo estás vendiendo demasiado agresivamente.

Una estrategia útil en esta etapa es el uso de pruebas gratuitas o descuentos temporales. Estos incentivos pueden ayudar a empujar al cliente hacia la próxima fase del embudo. La idea es reducir el riesgo para el cliente, ofrecerle algo tangible que pueda probar antes de comprometerse plenamente. Muchas veces, la gente solo necesita un pequeño empujón para tomar la decisión final, y una prueba gratuita o un descuento puede ser ese factor decisivo. Al experimentar tu producto o servicio de primera mano, el cliente puede ver su valor directamente y sentirse más seguro para comprar.

La fase siguiente es la de intención, donde el cliente ha mostrado signos claros de que está muy cerca de hacer una compra. Tal vez ya haya agregado productos al carrito de compras en tu tienda online, o quizás haya solicitado una cotización o una demostración en vivo. Este es el momento de enfocarse en eliminar cualquier posible duda o barrera que pueda impedir que el cliente complete la compra. A menudo, los clientes están listos para comprar, pero hay pequeños obstáculos que los frenan: quizás están inseguros acerca del precio, o tienen dudas sobre la funcionalidad del producto, o simplemente necesitan un poco más de información antes de dar el último paso. Aquí es donde entran en juego las tácticas de seguimiento, como correos electrónicos recordando que el cliente tiene productos en su carrito de compras, o llamadas de seguimiento personalizadas para resolver cualquier inquietud que puedan tener.

También es útil ofrecer garantías de devolución de dinero, políticas de devolución flexibles, o destacar los beneficios adicionales que el cliente obtendrá al realizar la compra. Todo esto contribuye a que el cliente se sienta más seguro en su decisión de compra. Cuanto menos riesgo perciba, más probable será que se decida a comprar. Recuerda que, en esta etapa, el cliente ya ha recorrido un largo camino en el embudo, por lo que cualquier barrera pequeña que puedas eliminar hará que sea más probable que la compra se realice.

Finalmente, llegamos a la etapa de acción, que es donde ocurre la conversión real. Aquí es donde el cliente finalmente toma la decisión y compra tu producto o servicio. Es el momento culminante del embudo, el punto donde todo tu esfuerzo previo da frutos. Pero la técnica del embudo de conversión no termina aquí. Después de la compra, aún hay trabajo por hacer. Es fundamental asegurarte de que el cliente tenga una experiencia positiva con su compra. El seguimiento postventa es esencial para mantener la satisfacción del cliente, fomentar la lealtad y, en última instancia, convertir a los compradores en clientes recurrentes. No solo se trata de cerrar una venta, sino de abrir la puerta a futuras oportunidades. Puedes hacerlo a través de encuestas de satisfacción, correos de agradecimiento, y asegurándote de que el cliente reciba el soporte necesario en caso de tener dudas o problemas.

Además, un cliente satisfecho no solo comprará de nuevo, sino que también puede convertirse en un embajador de tu marca, recomendándote a amigos, familiares y colegas. Por eso, es tan importante cuidar esta etapa final del embudo. Ofrecer un servicio excepcional después de la compra puede generar confianza y lealtad a largo plazo.

El embudo de conversión es una herramienta poderosa porque te permite visualizar el proceso de ventas de principio a fin, y te ayuda a identificar en qué etapa se encuentra cada cliente potencial. Al entender cómo funciona este proceso, puedes aplicar diferentes tácticas en cada etapa para maximizar tus oportunidades de conversión. No se trata solo de atraer tráfico o generar interés, sino de guiar cuidadosamente a los clientes por cada fase del embudo hasta que estén listos para comprar, y luego continuar la relación para asegurar que sigan comprando en el futuro.

En resumen, la técnica del embudo de conversión es fundamental para cualquier negocio que quiera vender de manera efectiva. Comienza con la atracción, pasa por el interés y la consideración, y finalmente culmina en la acción. Pero lo más importante es que no termina ahí, ya que un buen embudo también se preocupa por lo que sucede después de la venta. Con un enfoque estratégico y adaptando tus tácticas a cada fase, puedes aumentar significativamente tus tasas de conversión y construir relaciones sólidas con tus clientes a largo plazo.

Andrew Howard

Marketing de Contenidos para Potenciar las Ventas

El marketing de contenidos es una de las estrategias más poderosas para potenciar las ventas en el entorno actual. A diferencia de las tácticas de ventas tradicionales que pueden resultar intrusivas, el marketing de contenidos busca atraer a los clientes de manera natural, ofreciéndoles información de valor que los ayude a resolver problemas o que los entretenga. La idea detrás de esta estrategia es que, al ofrecer contenido útil y relevante, construyes una relación de confianza con tu audiencia. Cuando la gente confía en ti, es mucho más probable que compren tus productos o servicios, ya que te ven como una fuente confiable de información y una solución a sus necesidades.

Para entender mejor cómo el marketing de contenidos puede potenciar las ventas, pensemos en una situación cotidiana. Imagina que estás buscando información sobre cómo arreglar una fuga de agua en casa. Encuentras un artículo bien detallado en un blog que explica paso a paso cómo hacerlo tú mismo, junto con recomendaciones de herramientas que te facilitarán el trabajo. Al leer el artículo, te das cuenta de que la tienda que lo publicó vende esas herramientas y que, además, están ofreciendo un descuento. Probablemente, si confías en la información que te han dado, estarás dispuesto a comprar las herramientas que recomiendan. No sentiste que te estaban vendiendo algo de manera agresiva, pero al final, la tienda ha conseguido una venta gracias al contenido útil que proporcionó.

Este es el principio básico del marketing de contenidos. La clave no es vender de manera directa, sino crear una conexión con el cliente ofreciendo algo que le interese o necesite. Puede ser una guía, un video, una infografía, un podcast o cualquier tipo de contenido que resuene con tu público objetivo. Cuando el contenido es valioso, las personas no solo lo consumen, sino que también lo comparten con otros. Esto no solo ayuda a generar confianza, sino que también amplía el alcance de tu marca de manera orgánica. Cuanta más gente conozca tu marca a través de contenido de calidad, más probable será que te elijan cuando estén listos para comprar.

Una de las razones por las que el marketing de contenidos es tan efectivo para impulsar las ventas es porque no se siente como publicidad tradicional. En lugar de interrumpir a los clientes con anuncios que no pidieron ver, les estás dando algo que quieren consumir por su propia voluntad. Esta es una diferencia crucial, ya que las personas hoy en día son muy buenas para evitar la publicidad. Usan bloqueadores de anuncios, cambian de canal o simplemente ignoran los anuncios que ven en redes sociales. Sin embargo, cuando encuentran contenido que les interesa, lo consumen sin pensarlo dos veces. Y si ese contenido proviene de una marca, se está generando una asociación positiva entre el cliente y el negocio.

Otra ventaja del marketing de contenidos es que te permite demostrar tu conocimiento y experiencia en tu industria. Al crear artículos, videos o podcasts que aborden temas importantes para tu audiencia, estás mostrando que entiendes sus problemas y que tienes las soluciones adecuadas. Esto es especialmente importante en mercados competitivos, donde los clientes pueden sentirse abrumados por la cantidad de opciones disponibles. Al posicionarte como una autoridad en tu sector a través del contenido, puedes destacar entre la multitud y hacer que los clientes confíen en que tu producto o servicio es la mejor opción.

El contenido también juega un papel fundamental en la forma en que los clientes investigan antes de hacer una compra. Hoy en día, la mayoría de las personas no se limitan a comprar el primer producto que ven. En cambio, pasan tiempo investigando, comparando y buscando opiniones antes de tomar una decisión. Durante este proceso, buscan contenido que los ayude a aclarar sus dudas y a tomar una decisión informada. Si tu marca les proporciona esa información, ya estás un paso más cerca de cerrar una venta. Por ejemplo, si un cliente potencial está buscando comprar una computadora portátil y encuentra una guía detallada en tu sitio web que explica las características clave a tener en cuenta al elegir una, es probable que considere tu marca como una opción confiable al tomar su decisión.

El marketing de contenidos no solo te ayuda a captar la atención de nuevos clientes, sino que también es una excelente herramienta para mantener a los clientes actuales comprometidos con tu marca. El contenido continuo, como boletines informativos, blogs actualizados o publicaciones regulares en redes sociales, mantiene a tu audiencia interesada y conectada contigo. Esto no solo ayuda a fomentar la lealtad a la marca, sino que también puede impulsar ventas recurrentes. Por ejemplo, si un cliente ha comprado un producto tuyo y luego recibe un boletín con recomendaciones sobre cómo usarlo mejor o con información sobre productos complementarios, es más probable que vuelva a comprar.

Además, el marketing de contenidos es una estrategia extremadamente flexible que se puede adaptar a diferentes objetivos de ventas. Si tu objetivo es atraer a nuevos clientes, puedes centrarte en la creación de contenido que eduque o informe a personas que no están familiarizadas con tu marca. Si, por otro lado, tu objetivo es convertir a clientes potenciales en compradores, puedes crear contenido más enfocado en los beneficios específicos de tus productos, como comparaciones, reseñas o demostraciones. Y si lo que quieres es retener a los clientes actuales, puedes ofrecerles contenido exclusivo que los haga sentir especiales y valorados, como acceso a guías avanzadas o contenido detrás de cámaras.

Una de las formas más efectivas de utilizar el marketing de contenidos es crear un blog en tu sitio web. Los blogs son una manera fantástica de atraer tráfico orgánico a través de los motores de búsqueda. Si escribes sobre temas relevantes para tu industria y usas las palabras clave adecuadas, las personas que busquen información relacionada con esos temas encontrarán tu sitio web. Esto no solo aumenta tu visibilidad, sino que también atrae a visitantes que ya están interesados en lo que ofreces. Un blog bien gestionado puede convertirse en una fuente constante de nuevos leads y oportunidades de venta.

Otro tipo de contenido muy efectivo son los videos. Hoy en día, el contenido en video está dominando las plataformas en línea como YouTube, Instagram y TikTok. Los videos son fáciles de consumir, atractivos y permiten mostrar tus productos o servicios de una manera dinámica. Además, las personas tienden a recordar mejor la información visual, lo que hace que los videos sean una excelente herramienta para transmitir mensajes clave sobre tu marca. Puedes crear tutoriales, demostraciones de productos, entrevistas o incluso videos que cuenten la historia de tu marca. Cuanto más auténtico y valioso sea el contenido, mayor será su impacto.

Finalmente, es importante recordar que el marketing de contenidos no es una estrategia que da resultados inmediatos. Requiere tiempo, consistencia y paciencia. Pero cuando se hace correctamente, los resultados son duraderos y significativos. El contenido que creas hoy puede seguir generando tráfico, leads y ventas durante meses o incluso años. Además, el marketing de contenidos es una estrategia escalable. A medida que produces más contenido y perfeccionas tus esfuerzos, verás cómo el retorno de la inversión sigue creciendo.

En resumen, el marketing de contenidos es una estrategia fundamental para potenciar las ventas porque permite construir relaciones genuinas con los clientes, demostrar tu experiencia en el mercado y ofrecer valor sin ser intrusivo. Al crear contenido útil, entretenido y relevante, puedes atraer a nuevos clientes, guiar a los compradores potenciales a través de su proceso de decisión y mantener a los clientes existentes comprometidos con tu marca. Y aunque puede requerir tiempo y esfuerzo, los beneficios a largo plazo para tu negocio son incalculables.

El Poder del Social Selling

El poder del social selling es uno de los avances más importantes en el mundo de las ventas modernas. Vivimos en una era donde las redes sociales se han convertido en una parte fundamental de nuestras vidas. Ya no solo usamos plataformas como Facebook, Instagram, LinkedIn o Twitter para mantenernos conectados con amigos y familiares, sino que también son espacios donde descubrimos nuevos productos, interactuamos con marcas y tomamos decisiones de compra. Es aquí donde el social selling, o la venta a través de las redes sociales, cobra una relevancia enorme. No se trata de vender de manera agresiva o de inundar a los seguidores con promociones constantes, sino de construir relaciones y generar confianza de manera auténtica, utilizando el poder de las plataformas digitales.

La esencia del social selling está en la interacción genuina con los potenciales clientes. Si bien en el pasado las ventas dependían de llamadas frías, correos electrónicos no solicitados o anuncios en medios masivos, el social selling busca conectar con las personas en los lugares donde ya están activas: las redes sociales. Aquí, el enfoque cambia de una táctica de ventas directa a una más sutil, que se basa en escuchar, compartir contenido útil y relevante, y construir relaciones a largo plazo. La clave es ser parte de la conversación, no interrumpirla.

Un ejemplo simple de social selling puede verse en LinkedIn, una red social enfocada en profesionales y negocios. Imagina que eres un vendedor de software de gestión empresarial. En lugar de enviar mensajes directos a desconocidos intentando venderles tu producto, puedes unirte a grupos o conversaciones donde las personas están hablando sobre los desafíos que enfrentan en la gestión de sus negocios. Puedes ofrecerles consejos, compartir artículos que has escrito sobre mejores prácticas en la industria, y, en general, ser útil. Con el tiempo, esas personas empezarán a verte como un experto en la materia, y cuando necesiten una solución de software, es probable que te busquen a ti porque ya han tenido una interacción positiva contigo y confían en tu conocimiento.

Este es el poder del social selling. No estás vendiendo directamente; estás construyendo relaciones y estableciendo confianza. Al ser activo en las redes sociales y aportar valor, estás plantando semillas que pueden florecer en oportunidades de ventas más adelante. Además, una de las grandes ventajas de esta estrategia es que las interacciones en redes sociales son públicas, lo que significa que no solo estás construyendo una relación con una persona, sino que también otros pueden ver cómo te comportas, qué ofreces y cómo puedes ayudar. Esto amplía enormemente tu alcance, ya que puedes estar interactuando con una sola persona, pero esa interacción puede ser vista por muchos otros, creando un efecto multiplicador.

El social selling también es muy efectivo porque permite segmentar el público de manera precisa. Las redes sociales contienen una gran cantidad de datos sobre los intereses, comportamientos y necesidades de los usuarios, lo que te permite enfocar tus esfuerzos en las personas que realmente podrían estar interesadas en lo que ofreces. En lugar de lanzar un mensaje genérico que probablemente pase desapercibido, puedes adaptar tus interacciones y contenido para que resuenen directamente con los problemas o deseos específicos de tu audiencia. Por ejemplo, si vendes productos ecológicos, puedes identificar a personas que están interesadas en la sostenibilidad y el medio ambiente, y empezar a interactuar con ellos de manera natural, ofreciendo información útil que les importe.

Una de las grandes ventajas del social selling es que te permite humanizar tu marca. Las redes sociales son espacios informales donde las personas no quieren interactuar con empresas frías y distantes; quieren sentir que están hablando con personas reales. Al adoptar el social selling, puedes mostrar el lado humano de tu negocio, ya sea compartiendo historias de éxito de tus clientes, mostrando el detrás de cámaras de tu operación o simplemente respondiendo preguntas y comentarios de manera rápida y amigable. Esta cercanía crea un vínculo emocional con los clientes que puede ser difícil de lograr con las ventas tradicionales.

El social selling también facilita la creación de contenido que enganche a tu audiencia. Publicar regularmente en redes sociales con contenido interesante y relevante te mantiene en la mente de tus seguidores. Este contenido no necesariamente tiene que ser una promoción de tus productos o servicios; puede ser información útil, consejos, noticias de la industria o incluso contenido entretenido que sea coherente con la identidad de tu marca. Por ejemplo, si vendes equipo de fitness, puedes publicar rutinas de ejercicios, consejos de alimentación o historias de éxito de personas que han mejorado su salud con tu equipo. Al mantener una presencia activa y relevante, estás construyendo una relación con tus seguidores, lo que los hace más propensos a considerarte cuando estén listos para comprar.

Otra parte clave del social selling es el seguimiento. A menudo, las interacciones en redes sociales pueden no llevar a una venta inmediata, pero eso no significa que el cliente potencial no esté interesado. Aquí es donde es importante mantener la relación a través de interacciones regulares. Puedes hacerlo respondiendo a comentarios, enviando mensajes de agradecimiento después de que alguien comparta tu contenido, o simplemente manteniéndote presente en su radar con publicaciones continuas. El social selling no es una táctica de ventas de corto plazo; se trata de construir relaciones a largo plazo. Las ventas a menudo vienen después de múltiples interacciones positivas, y el seguimiento constante es crucial para asegurarte de que esas oportunidades no se pierdan.

El social selling también se puede combinar con otras estrategias de marketing para obtener mejores resultados. Por ejemplo, puedes utilizar anuncios pagados en redes sociales para atraer a nuevos seguidores, y luego usar el social selling para nutrir esas relaciones. Del mismo modo, puedes crear contenido en tu blog o sitio web, y luego compartirlo en redes sociales para generar más interacción y atraer a un público más amplio. Cuanto más puedas integrar tus esfuerzos de social selling con otras estrategias, más impacto tendrás.

Otro aspecto que no se puede ignorar es que el social selling es medible. A través de las métricas de las redes sociales, puedes ver qué tipo de contenido genera más interacciones, qué publicaciones están siendo compartidas o comentadas, y qué tipo de audiencia está respondiendo mejor a tus mensajes. Esta información es invaluable, ya que te permite ajustar tu enfoque en tiempo real para mejorar tus resultados. Si ves que ciertos temas generan más interés, puedes profundizar en ellos. Si notas que cierto tipo de publicaciones no están funcionando, puedes cambiar de rumbo y probar nuevas tácticas. El social selling, al igual que muchas otras estrategias de marketing digital, es flexible y te permite adaptarte rápidamente para maximizar tu éxito.

En conclusión, el poder del social selling radica en su capacidad para construir relaciones genuinas, generar confianza y aumentar la visibilidad de tu marca en los espacios digitales donde las personas ya pasan su tiempo. No se trata de vender agresivamente, sino de ser parte de la conversación, aportar valor y estar presente cuando los clientes estén listos para tomar una decisión de compra. Al utilizar las redes sociales de manera inteligente y estratégica, puedes crear conexiones más profundas con tus clientes, lo que no solo puede aumentar tus ventas, sino también crear una base sólida de seguidores leales que te recomendarán a otros. En un mundo donde las redes sociales juegan un papel tan importante en nuestras vidas, el social selling no es solo una opción, es una necesidad para cualquier negocio que quiera prosperar en la economía moderna.

Automatización del Marketing y Ventas

La automatización del marketing y las ventas ha revolucionado la forma en que las empresas llegan a los clientes y gestionan sus procesos de venta. Lo que antes requería un equipo completo de personas para manejar, ahora puede ser realizado de manera más eficiente y con menos errores a través de herramientas tecnológicas que automatizan muchas de las tareas repetitivas y administrativas. Esto no solo ahorra tiempo, sino que también permite a las empresas mejorar su precisión y aumentar sus ventas de manera considerable. Pero ¿qué significa exactamente la automatización del marketing y las ventas? En términos simples, se refiere al uso de software y tecnología para gestionar campañas de marketing y ventas sin la necesidad de intervención humana constante, permitiendo a los equipos enfocarse en estrategias más grandes y en la interacción directa con los clientes cuando es necesario.

Imagina, por ejemplo, que tienes un negocio en línea. Cada vez que un cliente visita tu sitio web, realiza una compra o llena un formulario de contacto, esos datos pueden ser automáticamente registrados y utilizados para generar una serie de acciones de seguimiento. Si un cliente potencial visita tu página pero no realiza una compra, el sistema automatizado puede enviarle un correo electrónico recordándole su carrito de compras, ofreciendo un descuento o simplemente manteniendo el contacto. Todo esto sucede sin que tú o tu equipo tengan que intervenir manualmente. Es como tener un asistente virtual que trabaja para ti las 24 horas del día, asegurándose de que no se pierda ninguna oportunidad de venta.

Uno de los grandes beneficios de la automatización es que te permite estar presente en todas las etapas del ciclo de vida del cliente. Desde el momento en que alguien muestra interés en tu producto o servicio, hasta después de realizar una compra, puedes mantener una comunicación constante y personalizada con ellos. Esto se logra a través de flujos automatizados que envían mensajes basados en el comportamiento del cliente. Por ejemplo, si un cliente se inscribe en tu boletín de noticias, puedes configurarlo para que automáticamente reciba una serie de correos electrónicos con contenido relevante que le ayude a conocer mejor tu marca. A medida que interactúa con esos correos, el sistema puede ajustar las próximas comunicaciones para asegurarse de que siempre reciba información que le interese.

La automatización también te permite segmentar a tu audiencia de manera más efectiva. En lugar de enviar el mismo mensaje a todos tus contactos, puedes dividir tu base de datos en grupos más pequeños basados en sus intereses, comportamientos de compra o cualquier otra característica relevante. Esto asegura que cada cliente reciba información que realmente le importa, lo que aumenta las posibilidades de conversión. Por ejemplo, si tienes una tienda de ropa y sabes que ciertos clientes han mostrado interés en zapatos, puedes enviarles automáticamente ofertas especiales o nuevos lanzamientos relacionados con ese producto. Al personalizar el mensaje de esta manera, haces que los clientes sientan que les hablas directamente, lo que genera una mayor conexión con tu marca.

Otro aspecto importante de la automatización del marketing y las ventas es su capacidad para nutrir a los clientes potenciales. No todos los clientes están listos para comprar de inmediato. Algunos necesitan más tiempo para investigar, comparar opciones o simplemente pensar en su decisión de compra. Aquí es donde la automatización entra en juego de manera crucial. Puedes crear campañas automatizadas que sigan nutriendo a estos clientes potenciales con información valiosa hasta que estén listos para tomar una decisión. Esto se conoce como "lead nurturing", y es una de las formas más efectivas de mantener a los posibles clientes interesados en tu negocio sin ser demasiado insistente. Al enviarles contenido relevante y útil de manera regular, estás construyendo una relación de confianza y aumentando la probabilidad de que, cuando estén listos para comprar, te elijan a ti.

La automatización no solo mejora el marketing, sino también el proceso de ventas. Uno de los grandes desafíos en ventas es hacer un seguimiento efectivo de cada cliente potencial. Los equipos de ventas a menudo tienen una lista larga de prospectos, y es fácil perder el rastro de algunos en medio de tantas tareas diarias. Con la automatización, puedes configurar recordatorios automáticos para hacer seguimiento, enviar correos personalizados o incluso programar reuniones sin tener que hacerlo manualmente. Además, los sistemas de automatización pueden calificar automáticamente a los prospectos basándose en su nivel de interés, lo que ayuda a los vendedores a concentrarse en los leads más prometedores y no perder tiempo con aquellos que no están listos para comprar.

Por ejemplo, si tienes un sistema de automatización integrado con tu CRM (Customer Relationship Management), este puede asignar automáticamente un puntaje a cada lead en función de sus interacciones con tu sitio web, correos electrónicos, y otros puntos de contacto. Si un cliente ha visitado tu página varias veces, descargado un informe o interactuado con varias publicaciones en redes sociales, el sistema puede asignarle un puntaje alto, lo que indica que está más cerca de realizar una compra. Esto permite que el equipo de ventas se enfoque en ese prospecto con una propuesta personalizada en el momento adecuado.

La automatización también puede ayudar a optimizar los anuncios pagados. Las plataformas como Facebook y Google Ads ya utilizan algoritmos avanzados para mostrar anuncios a las personas que tienen más probabilidades de estar interesadas en tus productos o servicios. Sin embargo, cuando integras estas plataformas con tus sistemas de automatización, puedes crear campañas aún más específicas y efectivas. Por ejemplo, puedes configurar anuncios que solo se muestren a personas que han visitado ciertas páginas en tu sitio web o que han realizado una acción específica, como descargar un folleto o agregar productos a su carrito sin completar la compra. Esto no solo reduce el desperdicio de recursos en personas que no están interesadas, sino que también mejora el retorno de la inversión en publicidad.

La automatización del marketing y ventas también es esencial para escalar tu negocio. A medida que crece tu base de clientes, se vuelve cada vez más difícil gestionar cada interacción de manera manual. Con la automatización, puedes manejar un volumen mucho mayor de prospectos y clientes sin necesidad de aumentar significativamente tu equipo. Las herramientas automatizadas pueden enviar miles de correos electrónicos personalizados, hacer seguimiento a innumerables leads y gestionar campañas de marketing complejas con solo unos clics. Esto te permite concentrarte en otras áreas del negocio, mientras las herramientas hacen el trabajo pesado en segundo plano.

Otro aspecto crucial de la automatización es que te permite medir todo lo que haces. Las herramientas de automatización no solo ejecutan tareas, sino que también registran datos sobre el rendimiento de cada campaña, correo electrónico o interacción de ventas. Puedes ver qué correos electrónicos están siendo abiertos, qué enlaces están siendo clicados, cuántas personas completan una compra después de interactuar con tu contenido, y mucho más. Esta información es valiosísima porque te permite ajustar y optimizar tus esfuerzos continuamente. Si ves que cierto tipo de correo electrónico no está obteniendo resultados, puedes cambiar el enfoque. Si notas que un tipo de contenido genera más ventas, puedes duplicar esa estrategia. Todo se puede ajustar y mejorar en función de los datos en tiempo real.

Es importante entender que la automatización no es una solución mágica. No reemplaza la necesidad de tener un buen producto o servicio, ni la importancia de construir relaciones genuinas con los clientes. Sin embargo, lo que sí hace es facilitar y mejorar esos procesos. Al eliminar tareas repetitivas y manuales, permite que los equipos de marketing y ventas se enfoquen en lo que realmente importa: crear valor para los clientes y construir relaciones a largo plazo. La automatización es una herramienta poderosa que, cuando se usa correctamente, puede ser la clave para aumentar tus ventas y hacer crecer tu negocio de manera más rápida y eficiente.

En resumen, la automatización del marketing y las ventas permite a las empresas ser más eficientes, precisas y personalizadas en la forma en que interactúan con sus clientes. Desde el seguimiento de leads, la segmentación de audiencias, hasta la optimización de anuncios y la medición de resultados, la automatización hace que todo el proceso sea más ágil y efectivo. Aunque requiere una inversión inicial en tecnología y tiempo para configurarlo correctamente, los beneficios a largo plazo son inmensos. La capacidad de automatizar tareas repetitivas, mantener una comunicación constante y personalizada con los clientes, y medir el éxito en tiempo real es algo que ninguna empresa debería ignorar. Es el camino hacia un futuro donde el marketing y las ventas están más alineados, y donde cada interacción con el cliente es más significativa y efectiva.

Ventas Basadas en Datos

Las ventas basadas en datos han transformado la manera en que las empresas venden productos y servicios. En el pasado, las decisiones de ventas dependían en gran medida de la intuición o la experiencia de los vendedores, quienes confiaban en lo que "sentían" que funcionaba. Sin embargo, hoy en día las empresas tienen acceso a una cantidad enorme de datos sobre sus clientes, sus comportamientos y el rendimiento de sus ventas. Esto ha permitido un cambio profundo en cómo se toman las decisiones, ya que ahora se pueden respaldar con información concreta y medible. Las ventas basadas en datos consisten en utilizar esta información para tomar decisiones más inteligentes, enfocadas y efectivas. En lugar de depender únicamente de corazonadas, las empresas pueden analizar los datos para entender mejor a sus clientes, predecir tendencias y ajustar sus estrategias para maximizar los resultados.

Pero ¿qué significa exactamente usar datos en el proceso de ventas? En términos simples, significa recopilar y analizar información relevante sobre tus clientes, sus hábitos de compra, sus preferencias, el desempeño de tu equipo de ventas, y cualquier otro dato que pueda influir en las ventas. Esta información puede provenir de diferentes fuentes: desde tu sitio web, redes sociales, sistemas de gestión de relaciones con clientes (CRM), encuestas, hasta el comportamiento en línea de los clientes. Por ejemplo, si un cliente visita tu página web y pasa mucho tiempo viendo un producto en particular, ese es un dato valioso. Con esa información, podrías enviarle un correo personalizado ofreciéndole más detalles sobre ese producto o incluso un descuento para incentivarlo a comprar.

Una de las grandes ventajas de las ventas basadas en datos es la capacidad de segmentar a los clientes de manera más precisa. No todos los clientes son iguales, y no todos tienen las mismas necesidades o intereses. Al analizar los datos, puedes identificar patrones que te ayuden a agrupar a los clientes en diferentes categorías. Por ejemplo, podrías descubrir que un grupo de clientes siempre compra durante las promociones de temporada, mientras que otro grupo prefiere productos premium y está dispuesto a pagar más. Esta segmentación te permite crear estrategias de ventas personalizadas para cada grupo. Puedes enviar ofertas especiales a aquellos clientes que responden bien a los descuentos, y al mismo tiempo, enfocarte en resaltar la calidad y el valor de tus productos para los clientes que buscan lo mejor del mercado.

El uso de datos también te permite predecir comportamientos futuros. Con suficiente información histórica, puedes comenzar a identificar patrones que te ayuden a anticipar lo que harán tus clientes. Por ejemplo, si notas que muchos clientes suelen realizar compras justo después de recibir cierto tipo de correo electrónico, puedes replicar ese patrón y enviar mensajes similares en momentos clave para aumentar las ventas. De manera similar, si detectas que los clientes tienden a hacer compras más grandes en ciertas épocas del año, puedes prepararte con campañas de ventas específicas durante esos períodos. Esta capacidad de predecir y planificar te da una ventaja sobre tus competidores, ya que puedes tomar decisiones proactivas en lugar de reaccionar a los cambios del mercado.

Otro aspecto clave de las ventas basadas en datos es la optimización del proceso de ventas. Cuando tienes datos sobre el rendimiento de tus vendedores, puedes identificar qué tácticas están funcionando y cuáles no. Esto te permite hacer ajustes en tiempo real para mejorar los resultados. Por ejemplo, podrías notar que ciertos miembros del equipo tienen más éxito cuando utilizan un enfoque más consultivo, mientras que otros obtienen mejores resultados cuando son más directos. Con esta información, puedes capacitar a tu equipo para que adopte las mejores prácticas y mejore su rendimiento general. Además, puedes usar datos para identificar cuellos de botella en el proceso de ventas. Tal vez descubras que los clientes tienden a abandonar el proceso de compra en cierto punto, lo que te da la oportunidad de investigar por qué y hacer los cambios necesarios para evitar que esto suceda en el futuro.

La personalización es otro de los grandes beneficios de las ventas basadas en datos. Los clientes de hoy en día esperan interacciones personalizadas y relevantes. No quieren sentir que son solo un número más. Al utilizar datos para conocer mejor a tus clientes, puedes ofrecerles una experiencia de compra mucho más personalizada. Por ejemplo, si un cliente ha comprado repetidamente ciertos productos, puedes ofrecerle recomendaciones basadas en sus preferencias anteriores. Si sabes que alguien ha estado buscando un producto en particular pero no lo ha comprado, podrías enviarle una oferta especial o recordarle que está disponible. Esta personalización no solo mejora la experiencia del cliente, sino que también aumenta las posibilidades de cerrar una venta.

Un buen ejemplo de esto es Amazon, que utiliza vastas cantidades de datos para personalizar las recomendaciones de productos para cada usuario. Cada vez que visitas su sitio, te muestra productos que probablemente te interesen en función de lo que has comprado o visto anteriormente. Este tipo de personalización, impulsada por datos, no solo mejora la experiencia de compra, sino que también impulsa las ventas al hacer que los clientes descubran productos que tal vez no hubieran considerado de otra manera.

La analítica predictiva es una parte fundamental de las ventas basadas en datos. Al analizar los datos históricos, las empresas pueden prever qué productos serán más demandados, qué segmentos de clientes son más propensos a comprar, y cuándo es más probable que realicen una compra. Por ejemplo, si una empresa detecta que ciertos productos tienden a venderse mejor durante una época específica del año, puede planificar su inventario y campañas de marketing en consecuencia. Esto permite no solo satisfacer la demanda de los clientes, sino también evitar problemas como la falta de stock o el exceso de inventario.

Además de predecir comportamientos futuros, los datos también ayudan a mejorar la eficiencia del equipo de ventas. Los vendedores pueden usar datos para priorizar a los clientes potenciales más prometedores. En lugar de perder tiempo contactando a clientes que probablemente no estén interesados en comprar, pueden enfocarse en aquellos que han mostrado un interés real o que tienen más probabilidades de realizar una compra. Esto se conoce como lead scoring, y es una técnica que asigna un puntaje a los prospectos en función de su comportamiento e interacción con la empresa. Por ejemplo, si un cliente ha descargado un folleto informativo, asistido a un webinar y solicitado información adicional, su puntaje sería alto, lo que indicaría que está listo para ser contactado por un vendedor.

La integración de inteligencia artificial (IA) en las ventas basadas en datos también está tomando un papel cada vez más relevante. Con la ayuda de la IA, las empresas pueden analizar grandes volúmenes de datos de manera más rápida y precisa, identificar patrones complejos y obtener recomendaciones automáticas sobre cómo mejorar sus procesos de ventas. Los chatbots impulsados por IA, por ejemplo, pueden interactuar con los clientes en tiempo real, respondiendo preguntas comunes y ayudando a guiar el proceso de compra, mientras recopilan datos valiosos sobre las preferencias de los clientes. De esta manera, los vendedores pueden concentrarse en las interacciones más complejas o personalizadas, mientras que la IA se encarga de las tareas más rutinarias.

Otro aspecto importante de las ventas basadas en datos es que permiten medir el rendimiento de cada esfuerzo de venta de manera precisa. Al analizar los datos, puedes saber qué tácticas están generando más ingresos, cuáles están fallando y cómo se puede mejorar. Por ejemplo, puedes medir cuántos clientes han sido influenciados por una campaña de marketing específica, qué canal de ventas está generando más conversiones o cuál es el retorno de inversión (ROI) de tus esfuerzos de ventas. Estos datos te permiten ajustar y optimizar tus estrategias en tiempo real para obtener mejores resultados.

En resumen, las ventas basadas en datos ofrecen una serie de beneficios que no solo aumentan la eficiencia y precisión del proceso de ventas, sino que también permiten a las empresas ofrecer una experiencia más personalizada y relevante a sus clientes. Al aprovechar la gran cantidad de información disponible hoy en día, las empresas pueden tomar decisiones más inteligentes, predecir tendencias futuras y optimizar cada paso del proceso de ventas para maximizar los resultados. Aunque el análisis de datos puede parecer un desafío al principio, las herramientas modernas lo hacen cada vez más accesible, y su implementación es clave para cualquier empresa que quiera mantenerse competitiva en el mercado actual. Las ventas basadas en datos no solo son el futuro, sino que ya están transformando el presente, permitiendo a las empresas vender más y mejor.

Andrew Howard

Estar en Todos Lados

"Estar en todos lados" es una táctica clave en el mundo moderno de las ventas. Hoy en día, no basta con tener una buena presencia en un solo canal o depender de una única plataforma para llegar a los clientes. Las expectativas han cambiado, y los consumidores esperan poder interactuar con las marcas en diferentes momentos, en diferentes lugares y de distintas maneras. Esto significa que si quieres aumentar tus ventas de manera significativa, tu empresa necesita estar presente en cada rincón relevante para tus clientes. Pero ¿qué significa exactamente estar en todos lados y cómo se aplica a las ventas?

En términos simples, estar en todos lados implica tener presencia en una variedad de canales, tanto online como offline, para asegurarte de que siempre estés visible para tu audiencia. Piensa en las diferentes formas en que un cliente potencial puede descubrir tu producto: pueden ver un anuncio en redes sociales, buscar tu empresa en Google, leer una reseña en un blog, recibir un correo electrónico con una promoción, o incluso pasar por delante de tu tienda física. Cada uno de estos puntos de contacto es una oportunidad para generar interés y convertir ese interés en una venta. Cuantos más puntos de contacto tengas, más probabilidades hay de que logres capturar la atención de tus clientes y convertirlos en compradores.

El enfoque de estar en todos lados también se conoce como omnicanalidad, y se basa en la idea de que los consumidores se mueven de un canal a otro sin siquiera pensarlo. Por ejemplo, alguien puede comenzar buscando un producto en su teléfono mientras está de camino al trabajo, luego comparar precios en su computadora cuando llega a la oficina, y finalmente hacer la compra desde su tablet por la noche. Durante todo este proceso, tu empresa necesita estar disponible y visible en cada etapa, en cada dispositivo, y en cada plataforma que el cliente utilice. Si en algún momento de este recorrido no estás presente, corres el riesgo de que el cliente elija a la competencia.

Las redes sociales son uno de los componentes más importantes para estar en todos lados. Plataformas como Facebook, Instagram, Twitter, TikTok y LinkedIn no solo son lugares donde la gente se conecta con amigos y familia, sino también donde descubren y se relacionan con marcas. Tener presencia en estas redes te permite interactuar directamente con tus clientes potenciales, responder a sus preguntas, compartir contenido valioso y promocionar tus productos o servicios. Pero no basta con simplemente tener un perfil en cada red; es importante adaptar tu contenido a cada plataforma. Lo que funciona en Instagram, como imágenes atractivas y videos cortos, puede no ser tan efectivo en LinkedIn, donde el enfoque puede estar más en artículos informativos y conversaciones más serias.

El marketing de contenidos juega un papel crucial en esta estrategia de omnicanalidad. Crear contenido relevante y de alta calidad te permite atraer a tu audiencia y mantenerlos comprometidos, sin importar en qué canal estén. Un buen blog en tu sitio web puede ayudarte a posicionarte en los motores de búsqueda y atraer a visitantes interesados en tus productos. Videos en YouTube o publicaciones en redes sociales pueden reforzar tu mensaje y construir una conexión más personal con tu audiencia.

Al distribuir contenido de manera coherente en diferentes plataformas, te aseguras de que los clientes vean tu marca repetidamente, aumentando la probabilidad de que se interesen en lo que ofreces y eventualmente realicen una compra.

El correo electrónico sigue siendo una herramienta valiosa para complementar esta presencia en todos lados. A menudo se le da por muerto, pero sigue siendo uno de los canales más efectivos para generar ventas. A través de correos electrónicos personalizados, puedes mantener a tus clientes informados sobre nuevas ofertas, productos o promociones especiales. Además, el correo electrónico te permite segmentar tu audiencia de manera precisa, asegurándote de que los mensajes que envías sean relevantes para cada grupo de clientes. Por ejemplo, si sabes que un grupo de tus clientes está interesado en productos específicos, puedes enviarles un correo con recomendaciones personalizadas, aumentando las posibilidades de que compren.

El uso de publicidad paga también es una parte fundamental para estar en todos lados. Las plataformas de publicidad online, como Google Ads o Facebook Ads, te permiten llegar a audiencias muy específicas en el momento justo. Por ejemplo, si alguien busca un producto relacionado con el tuyo en Google, puedes aparecer en los resultados de búsqueda con un anuncio bien dirigido. O si alguien ha visitado tu sitio web pero no ha completado una compra, puedes utilizar anuncios de retargeting para recordarle lo que dejó pendiente y motivarlo a regresar y finalizar la transacción. Este tipo de publicidad no solo aumenta tu visibilidad, sino que también te ayuda a estar presente en la mente de los clientes en momentos clave del proceso de compra.

No podemos olvidarnos de los canales offline, que siguen siendo importantes para muchas empresas. A pesar de la creciente digitalización, hay consumidores que prefieren interactuar con las marcas de manera física. Si tienes una tienda física, asegurarte de que tus clientes tengan una experiencia agradable y consistente también es parte de estar en todos lados. Además, estrategias como la publicidad en medios tradicionales, eventos en persona, ferias o incluso colaboraciones con otras marcas locales, pueden complementar tu presencia online. La clave está en integrar lo online con lo offline de manera fluida, de modo que el cliente sienta que está interactuando con una sola marca, sin importar por dónde se acerque a ti.

El objetivo final de estar en todos lados es crear una experiencia de cliente coherente y sin fricciones. Los consumidores no deberían notar una diferencia entre interactuar contigo en redes sociales, en tu tienda física o en tu sitio web. Todo debería fluir de manera natural, como parte de una única experiencia unificada. Por ejemplo, si un cliente te contacta a través de una red social para preguntar sobre un producto, deberías poder dirigirlo fácilmente a tu sitio web para que complete la compra, o incluso invitarlo a visitar tu tienda física si eso es lo que prefiere. Cada interacción debe sentirse conectada, como si fuera parte de un todo mayor.

Una estrategia omnicanal efectiva también te permite ofrecer un mejor servicio al cliente. Al estar disponible en todos los canales, puedes responder preguntas o resolver problemas rápidamente, sin importar dónde se encuentre el cliente. Imagina que un cliente tiene un problema con una compra que hizo en tu tienda online. Podría contactarte por correo electrónico, pero también podría intentar buscarte en redes sociales para una respuesta más rápida. Si no tienes presencia en esa plataforma, podrías perder una oportunidad de resolver su problema de manera eficiente y perder un cliente en el proceso. Estar en todos lados asegura que siempre tengas una forma de atender a tus clientes, sin importar cómo prefieren comunicarse contigo.

Por supuesto, estar en todos lados no significa estar en cada plataforma solo por estar. Debes identificar cuáles son los canales más importantes para tu negocio y tus clientes, y concentrar tus esfuerzos en aquellos que realmente aporten valor. No todos los negocios necesitan estar en todas las redes sociales o utilizar cada tipo de publicidad disponible. Lo importante es encontrar los puntos de contacto clave donde tus clientes pasan su tiempo y asegurarte de que tu marca esté allí de manera visible, accesible y relevante.

En conclusión, estar en todos lados es esencial para aumentar las ventas en el mundo actual. Los consumidores de hoy son multicanal, se mueven constantemente entre diferentes plataformas y esperan que las marcas estén disponibles en cada paso de su recorrido de compra. La omnicanalidad no solo te permite capturar más oportunidades de venta, sino que también mejora la experiencia del cliente al ofrecer una interacción coherente y sin interrupciones. Ya sea a través de redes sociales, marketing de contenidos, correo electrónico, publicidad paga o canales físicos, el objetivo es estar presente, ser relevante y ofrecer siempre una experiencia de calidad. Las empresas que adoptan esta estrategia tienen una mayor probabilidad de captar la atención de los consumidores y convertir esa atención en ventas exitosas.

La IA en el Proceso de Ventas

La inteligencia artificial (IA) está transformando el proceso de ventas de una manera que hasta hace pocos años parecía imposible. No solo ha cambiado la forma en que las empresas operan, sino que ha abierto una nueva era de eficiencia, precisión y personalización que simplemente no se podía lograr con los métodos tradicionales. La IA en ventas va más allá de ser una herramienta adicional; se ha convertido en una parte integral del proceso, permitiendo a las empresas tomar decisiones más inteligentes, llegar a los clientes correctos en el momento adecuado y ofrecer experiencias de compra personalizadas y atractivas.

Una de las principales maneras en que la IA está cambiando las ventas es mediante la automatización de tareas repetitivas. Los vendedores tradicionalmente dedican una gran cantidad de tiempo a tareas como enviar correos electrónicos de seguimiento, actualizar bases de datos de clientes o calificar prospectos. Estas son tareas importantes, pero no necesariamente requieren de un toque humano para ser efectivas. Aquí es donde la IA entra en juego. Con sistemas impulsados por inteligencia artificial, las empresas pueden automatizar gran parte de este trabajo, permitiendo que los equipos de ventas se concentren en tareas más estratégicas que realmente necesitan de su atención. Por ejemplo, los correos electrónicos de seguimiento pueden enviarse automáticamente a los clientes potenciales en el momento adecuado, con mensajes personalizados basados en el comportamiento del cliente. Esto no solo ahorra tiempo, sino que también mejora la eficiencia del proceso.

Otra área en la que la IA está siendo crucial es en el análisis de datos. El volumen de datos que las empresas manejan hoy en día es gigantesco, y analizar toda esa información de manera manual es prácticamente imposible. Con la IA, las empresas pueden recopilar, procesar y analizar grandes cantidades de datos en tiempo real para obtener información valiosa sobre el comportamiento de los clientes, sus preferencias y las tendencias del mercado. Estos análisis pueden ayudar a predecir qué clientes están más cerca de realizar una compra, qué productos o servicios son más atractivos para ciertos segmentos, y cuándo es el mejor momento para contactarlos. Gracias a esta capacidad predictiva, las empresas pueden ser mucho más proactivas en lugar de reaccionar a lo que ya ha ocurrido. En lugar de perder tiempo persiguiendo a prospectos que no tienen interés, la IA puede identificar quiénes son los clientes con más probabilidades de comprar y dirigir los esfuerzos de ventas hacia ellos.

Los chatbots y asistentes virtuales son otra forma clara en que la IA está revolucionando el proceso de ventas. Estos sistemas pueden interactuar con los clientes en tiempo real, respondiendo preguntas, brindando recomendaciones y guiando a los usuarios a través del proceso de compra. Si alguna vez has visitado un sitio web y te ha aparecido una ventana de chat preguntándote si necesitas ayuda, probablemente te has encontrado con un chatbot impulsado por IA. Estos asistentes virtuales no solo responden a preguntas básicas, sino que pueden recopilar información sobre lo que el cliente busca, ofrecer productos relacionados y hasta completar transacciones simples. Lo mejor de todo es que están disponibles las 24 horas del día, los 7 días de la semana, lo que permite a las empresas ofrecer un servicio al cliente continuo, algo que antes era muy difícil de lograr. Además, estos chatbots pueden gestionar varias interacciones simultáneamente, algo que sería imposible para un ser humano.

La personalización es otro de los grandes avances que la IA ha traído al proceso de ventas. Hoy en día, los consumidores esperan experiencias personalizadas. Quieren sentir que las empresas entienden sus necesidades y les ofrecen soluciones hechas a su medida. La IA permite justamente eso, ya que puede analizar el historial de compras, las interacciones anteriores y los comportamientos en línea de cada cliente para ofrecer recomendaciones personalizadas en tiempo real. Si alguna vez has comprado en una tienda online y te han sugerido productos basados en lo que viste anteriormente o en tus compras pasadas, has experimentado el poder de la personalización impulsada por IA. Esto no solo mejora la experiencia del cliente, sino que también aumenta las probabilidades de que realice una compra, ya que siente que la oferta está especialmente diseñada para él.

Además de personalizar las ofertas, la IA también puede mejorar la calidad del servicio al cliente, lo que a su vez impulsa las ventas. Un cliente satisfecho es mucho más probable que vuelva a comprar y que recomiende tu marca a otras personas. Los sistemas de IA pueden anticipar las necesidades del cliente antes de que surjan problemas. Por ejemplo, si un cliente ha comprado un producto que suele requerir mantenimiento o piezas de repuesto, la IA puede recordarle en el momento adecuado que necesita hacer una compra adicional. Esto no solo mejora la satisfacción del cliente, sino que también genera nuevas oportunidades de ventas.

Otra ventaja importante de la IA es su capacidad para ayudar a los vendedores a priorizar sus esfuerzos. En un equipo de ventas, puede haber cientos o incluso miles de prospectos que parecen interesados en los productos o servicios, pero no todos tienen la misma probabilidad de comprar. Tradicionalmente, los vendedores pasan mucho tiempo intentando calificar manualmente a estos prospectos, tratando de descubrir quién tiene el mayor potencial de compra. Con la IA, este proceso se puede automatizar mediante el uso de algoritmos que califican a los prospectos en función de su comportamiento, historial y otros factores. De esta manera, los vendedores pueden enfocarse en aquellos clientes que tienen más posibilidades de convertir, lo que aumenta la efectividad del equipo y, en última instancia, las ventas.

Las campañas de marketing también se ven beneficiadas por la inteligencia artificial. Las herramientas de IA pueden analizar cómo responden los clientes a diferentes mensajes, tipos de contenido y canales, y ajustar las campañas en tiempo real para maximizar su impacto. Por ejemplo, si una campaña de correo electrónico no está generando la respuesta esperada, la IA puede ajustar los mensajes, probar diferentes asuntos o cambiar el momento del envío para mejorar los resultados. Esto se conoce como optimización en tiempo real y es una gran ventaja que la IA aporta al proceso de ventas, ya que permite hacer ajustes de manera rápida sin tener que esperar el final de la campaña para analizar los resultados.

Además, la IA puede ayudarte a anticipar los cambios en el mercado. Con la capacidad de procesar enormes cantidades de información y analizar tendencias, la IA puede alertarte sobre posibles oportunidades o riesgos antes de que se hagan evidentes para la mayoría de las empresas. Esto te da una ventaja competitiva al permitirte adaptarte rápidamente a nuevas condiciones, ya sea lanzando un nuevo producto antes que la competencia o ajustando tus estrategias de marketing para aprovechar una nueva tendencia.

También es importante destacar el uso de la IA en la gestión de relaciones con los clientes (CRM). Los sistemas de CRM impulsados por inteligencia artificial pueden analizar las interacciones previas con los clientes y proporcionar a los vendedores información clave sobre cómo interactuar con cada cliente de manera más efectiva. Estos sistemas pueden, por ejemplo, recordar a los vendedores cuándo es el mejor momento para hacer un seguimiento con un cliente o sugerir qué tipo de oferta podría tener más éxito en función del historial de compras de ese cliente. En lugar de depender únicamente del instinto o la memoria, los vendedores pueden aprovechar los datos y las recomendaciones generadas por la IA para mejorar sus interacciones con los clientes y aumentar las posibilidades de cerrar una venta.

Un aspecto que no se puede ignorar es cómo la IA está ayudando a las empresas a escalar sus operaciones de ventas. En lugar de necesitar un gran equipo de vendedores para gestionar un alto volumen de clientes, las empresas pueden utilizar sistemas de IA para manejar muchas de estas interacciones de manera automática. Esto permite que las empresas crezcan más rápidamente sin tener que invertir tanto en personal adicional. Además, al automatizar parte del proceso, los equipos de ventas pueden dedicar más tiempo a trabajar en las interacciones de mayor valor, aquellas que requieren una atención personalizada o un enfoque más consultivo.

Finalmente, la IA está democratizando el acceso a herramientas avanzadas de ventas. Antes, solo las grandes empresas con grandes presupuestos podían permitirse tecnologías de ventas avanzadas. Pero hoy en día, muchas de las herramientas impulsadas por IA están disponibles para empresas de todos los tamaños, lo que significa que cualquier negocio puede beneficiarse de las ventajas que ofrece. Desde pequeñas empresas hasta grandes corporaciones, todos pueden utilizar la IA para mejorar sus procesos de ventas, aumentar su eficiencia y ofrecer una experiencia de cliente más personalizada y efectiva.

En resumen, la IA está revolucionando el proceso de ventas al automatizar tareas, analizar grandes cantidades de datos, personalizar las interacciones con los clientes y ayudar a los vendedores a ser más eficientes. Con su capacidad para mejorar prácticamente todos los aspectos del proceso de ventas, la inteligencia artificial no es solo una herramienta más; es una ventaja competitiva que está cambiando las reglas del juego. Las empresas que adoptan la IA en sus procesos de ventas están mejor posicionadas para competir en el mercado moderno, aumentar sus ventas y ofrecer a sus clientes una experiencia superior.

El Valor del Email Marketing Personalizado

El email marketing ha sido una de las herramientas más poderosas para las ventas y el marketing digital desde los inicios de internet. A pesar del tiempo que ha pasado y de la llegada de nuevas tecnologías, sigue siendo uno de los métodos más efectivos para llegar directamente a los clientes. Sin embargo, la manera en que se hace email marketing ha evolucionado considerablemente. Hoy en día, ya no es suficiente enviar correos genéricos a una lista de miles de personas y esperar que algunos respondan. Las expectativas de los consumidores han cambiado, y las empresas que realmente están obteniendo resultados con esta estrategia son las que han adoptado el email marketing personalizado. Este enfoque no solo mejora la efectividad de las campañas, sino que también genera una relación más cercana y auténtica con los clientes.

El email marketing personalizado significa enviar correos electrónicos que están adaptados específicamente a los intereses, comportamientos y preferencias de cada individuo. En lugar de enviar un mismo mensaje a toda tu lista de contactos, puedes segmentar tu base de datos y enviar diferentes correos según lo que cada persona haya hecho antes o lo que haya mostrado interés en comprar. Piensa en la diferencia que hace recibir un mensaje que te hable directamente, en comparación con uno genérico que claramente ha sido enviado a miles de personas. La personalización hace que el cliente sienta que es valorado y que la empresa realmente entiende sus necesidades.

Una de las formas más sencillas y efectivas de personalización es incluir el nombre del destinatario en el asunto o en el cuerpo del correo. Algo tan básico como esto puede aumentar considerablemente las tasas de apertura, ya que el receptor siente que el correo es más personal y está dirigido específicamente a él. Sin embargo, esto es solo el comienzo de lo que la personalización puede hacer. Además de incluir nombres, puedes usar otros datos que tengas sobre el cliente, como su historial de compras, los productos que ha visto en tu sitio web, o incluso su ubicación geográfica para ofrecerle información y promociones que sean realmente relevantes para él.

Por ejemplo, imagina que tienes una tienda online de ropa y uno de tus clientes ha comprado una chaqueta en tu tienda. Con un sistema de email marketing personalizado, puedes enviarle un correo algunos días después recomendándole otros productos que complementen su compra, como unos zapatos o una bufanda que combine con la chaqueta. Incluso podrías incluir una oferta especial para hacer la compra aún más atractiva. Este tipo de personalización no solo muestra que estás prestando atención a lo que le interesa al cliente, sino que también facilita que haga una nueva compra, ya que le estás ofreciendo productos que realmente puede estar considerando.

Otro aspecto clave del email marketing personalizado es el uso de la segmentación de audiencias. No todos tus clientes tienen los mismos intereses o necesidades, y enviarles el mismo mensaje puede resultar inefectivo e incluso molesto. Por ejemplo, si tienes una tienda que vende tanto ropa de hombre como de mujer, no tiene mucho sentido enviar correos promocionando productos para mujeres a toda tu lista, incluyendo a los hombres que claramente no están interesados en esos productos. En su lugar, puedes segmentar tu lista en función de sus preferencias o historial de compras, de modo que solo las mujeres reciban correos sobre las nuevas colecciones de moda femenina, mientras que los hombres reciban información sobre productos para ellos. Este tipo de segmentación mejora significativamente la relevancia de tus correos y aumenta la probabilidad de que el destinatario los abra y haga clic en los enlaces.

La personalización también puede ser útil para enviar correos en el momento adecuado. Con las herramientas adecuadas, puedes automatizar correos que se envíen en momentos específicos del ciclo de vida del cliente. Por ejemplo, si un cliente añade un producto a su carrito pero no completa la compra, puedes enviarle automáticamente un recordatorio con un correo que incluya el artículo que dejó en el carrito, tal vez con un pequeño incentivo para que termine la compra, como un descuento especial o el envío gratuito. Este tipo de recordatorios oportunos pueden hacer una gran diferencia en la conversión de ventas, ya que a veces los clientes simplemente necesitan un empujoncito para tomar la decisión final.

Además, los correos de agradecimiento después de una compra también pueden personalizarse para mejorar la experiencia del cliente y fomentar la lealtad a la marca. En lugar de enviar un mensaje de agradecimiento genérico, puedes personalizar el correo mencionando específicamente los productos que compró el cliente y ofreciéndole recomendaciones adicionales que complementen su compra. También puedes aprovechar estos correos para solicitar reseñas o invitar al cliente a seguir tus redes sociales, creando una relación más profunda y duradera.

El valor del email marketing personalizado no solo radica en generar ventas inmediatas, sino también en construir una relación más sólida con los clientes a largo plazo. Cuando un cliente siente que una empresa se toma el tiempo de enviarle mensajes relevantes y útiles, es más probable que desarrolle una mayor lealtad hacia la marca. Esto es crucial en un mercado tan competitivo como el actual, donde los consumidores tienen innumerables opciones. La personalización les demuestra que no son solo un número más en una base de datos, sino que realmente son importantes para la empresa.

Otro punto clave del email marketing personalizado es su capacidad para mantener a los clientes comprometidos con tu marca a lo largo del tiempo. No todos los correos tienen que estar orientados a vender directamente un producto. También puedes usar la personalización para enviar contenido de valor que sea relevante para cada cliente. Por ejemplo, si tienes una tienda de productos para el hogar y sabes que un cliente ha comprado recientemente una cafetera, puedes enviarle un correo con consejos sobre cómo mantener su cafetera en buen estado, o con recetas de bebidas que puede hacer con su nuevo producto. Este tipo de correos no solo son útiles para el cliente, sino que también mantienen tu marca en su mente sin ser demasiado insistente.

La tecnología ha avanzado tanto que hoy en día no es difícil implementar una estrategia de email marketing personalizado. Existen herramientas y plataformas que te permiten recopilar y analizar datos de tus clientes, segmentar tu base de datos y automatizar el envío de correos personalizados de manera efectiva. Lo importante es que uses estas herramientas de manera estratégica y con el objetivo de ofrecer valor real a tus clientes. La personalización no se trata solo de agregar el nombre de una persona al asunto de un correo, sino de entender sus necesidades y deseos y proporcionarles contenido que realmente les interese.

Es crucial también no abusar de la personalización. Aunque puede ser tentador enviar muchos correos porque tienes la capacidad de hacerlo, es importante encontrar un equilibrio. Demasiados correos, incluso si están personalizados, pueden resultar molestos y llevar a que tus suscriptores se den de baja de tu lista. En lugar de enviar correos constantemente, enfócate en la calidad y en enviar mensajes en momentos que realmente agreguen valor.

Por último, es esencial medir y analizar los resultados de tus campañas de email marketing personalizado. Al igual que en cualquier otra estrategia de marketing, necesitas saber qué está funcionando y qué no. Esto te permitirá ajustar y mejorar continuamente tus correos para obtener mejores resultados. Puedes analizar métricas como la tasa de apertura, la tasa de clics y las conversiones generadas a partir de tus correos para tener una idea clara de qué tan efectivas son tus campañas. Además, la prueba A/B es una excelente manera de experimentar con diferentes elementos de tus correos, como el asunto, el diseño o el contenido, para ver qué funciona mejor para tu audiencia.

En resumen, el email marketing personalizado es una de las herramientas más poderosas para potenciar tus ventas y construir relaciones duraderas con tus clientes. No se trata solo de enviar correos, sino de hacerlo de una manera que sea relevante y valiosa para cada persona. Con la segmentación adecuada, el uso de datos y la automatización, puedes crear campañas de email marketing que no solo aumenten tus ventas, sino que también generen lealtad y compromiso a largo plazo. En un mundo donde los consumidores están constantemente bombardeados con información, ofrecer una experiencia personalizada puede ser lo que marque la diferencia entre una venta perdida y un cliente leal.

Chatbots y Asistentes Virtuales

Los chatbots y los asistentes virtuales han revolucionado la manera en que las empresas interactúan con sus clientes. En un mundo donde la velocidad y la eficiencia son cruciales, estas herramientas han demostrado ser esenciales para ofrecer atención al cliente de forma rápida y efectiva. Pero los chatbots y los asistentes virtuales no solo sirven para responder preguntas; también se han convertido en aliados poderosos para mejorar las ventas y el marketing. Al poder estar disponibles las 24 horas del día, los 7 días de la semana, proporcionan una experiencia personalizada y continua, lo que permite a las empresas aumentar sus ventas y mejorar la relación con sus clientes.

Un chatbot es un programa que utiliza inteligencia artificial para simular una conversación con un usuario. Los chatbots pueden responder preguntas comunes, guiar a los clientes a través del proceso de compra, proporcionar asistencia técnica y más. Por otro lado, los asistentes virtuales van un paso más allá, ofreciendo un servicio más completo y avanzado, con la capacidad de realizar múltiples tareas, como gestionar calendarios, hacer reservas o realizar pedidos, todo mediante una conversación natural con el usuario. Los asistentes virtuales, como Alexa de Amazon o Siri de Apple, se están convirtiendo en parte de la vida diaria de muchas personas y están transformando la manera en que interactúan con la tecnología y las marcas.

El uso de chatbots en ventas es especialmente relevante. Imagina que entras en una tienda en línea y no estás seguro de qué producto elegir. Un chatbot puede intervenir de inmediato y ayudarte a encontrar lo que necesitas. Puede hacer preguntas clave, como qué estás buscando, cuál es tu presupuesto y qué características valoras más, y luego ofrecerte recomendaciones basadas en esa información. Todo esto ocurre en tiempo real, sin que el cliente tenga que esperar a que un agente humano esté disponible. De esta manera, el chatbot no solo mejora la experiencia del usuario, sino que también agiliza el proceso de compra, lo que puede aumentar significativamente la tasa de conversión.

Los chatbots también pueden ser utilizados para realizar ventas cruzadas y ventas adicionales de manera inteligente. Si un cliente está comprando un teléfono móvil, el chatbot puede sugerir de forma sutil accesorios complementarios, como fundas o cargadores. Al estar programados con algoritmos de inteligencia artificial, estos chatbots pueden aprender de los comportamientos anteriores de los usuarios y personalizar sus sugerencias. Esto no solo incrementa el valor de cada transacción, sino que también mejora la satisfacción del cliente al ofrecerle productos o servicios que realmente son útiles para él.

Una de las grandes ventajas de los chatbots es que permiten atender a múltiples clientes al mismo tiempo. A diferencia de los agentes humanos, que solo pueden manejar una conversación a la vez, un chatbot puede interactuar con decenas, cientos o incluso miles de personas al mismo tiempo, sin perder eficiencia. Esto es especialmente útil para empresas que manejan un alto volumen de consultas o ventas, ya que no tienen que contratar a un gran equipo de atención al cliente. Además, como los chatbots no se cansan ni cometen errores humanos, pueden ofrecer un servicio consistente y de calidad en todo momento.

Por supuesto, los chatbots no son perfectos, y aún tienen limitaciones. A veces pueden no entender una consulta compleja o no poder resolver un problema específico. Sin embargo, las empresas pueden configurar estos chatbots para que, cuando se encuentren con una consulta fuera de su capacidad, deriven automáticamente al cliente a un agente humano. Esta transición debe ser fluida, de modo que el cliente no sienta que está siendo transferido de una máquina a una persona, sino que reciba la ayuda adecuada en el momento adecuado. Aquí es donde el equilibrio entre la automatización y la atención personalizada se vuelve clave.

Los asistentes virtuales también están cambiando el panorama del marketing y las ventas. Hoy en día, es posible que un cliente le pida a su asistente virtual que busque productos, haga compras o incluso programe citas sin necesidad de interactuar con una tienda física o una página web. Esto significa que las empresas deben adaptar sus estrategias de marketing para llegar a los clientes a través de estos nuevos canales. Por ejemplo, una marca puede optimizar sus productos para que sean fácilmente encontrados por asistentes virtuales mediante comandos de voz, lo que abre una nueva puerta a las ventas.

Además, los asistentes virtuales pueden recopilar datos valiosos sobre los comportamientos y preferencias de los usuarios. Al interactuar con los asistentes, los clientes dejan pistas sobre sus hábitos de compra, sus gustos y sus necesidades. Esta información puede ser utilizada por las empresas para ofrecer productos y servicios personalizados, anticiparse a las necesidades de los clientes e incluso predecir futuras compras. La inteligencia artificial que impulsa a los asistentes virtuales aprende continuamente de estas interacciones, lo que permite a las marcas ajustar sus estrategias de ventas de manera más efectiva.

Otra función importante de los chatbots y asistentes virtuales es su capacidad para gestionar la fidelización de los clientes. Pueden recordar detalles específicos sobre las compras anteriores de los clientes y utilizarlos para personalizar futuras interacciones. Por ejemplo, un chatbot puede recordar que un cliente compró recientemente un par de zapatos y enviarle un mensaje unos meses después para ofrecerle un descuento en una nueva colección. Este tipo de seguimiento personalizado no solo fomenta las ventas recurrentes, sino que también crea una relación más cercana y de confianza entre la marca y el cliente.

La automatización de la atención al cliente a través de chatbots también permite a las empresas recopilar información de manera constante y en tiempo real. Los chatbots pueden registrar cada interacción, lo que genera una enorme cantidad de datos sobre las preferencias, quejas y necesidades de los clientes. Esta información es invaluable para ajustar estrategias de ventas y mejorar los productos o servicios. Además, con la integración de herramientas de análisis, las empresas pueden identificar patrones y comportamientos que les ayuden a anticiparse a las tendencias del mercado y a las demandas de los consumidores.

Es importante mencionar que, aunque los chatbots y asistentes virtuales ofrecen una gran cantidad de beneficios, no deben reemplazar por completo la interacción humana. En muchos casos, los clientes aún valoran la empatía y el toque humano que solo un agente real puede proporcionar, especialmente cuando se enfrentan a problemas más complejos o emocionales. Por lo tanto, lo ideal es encontrar un equilibrio, donde los chatbots manejen las tareas más repetitivas y simples, mientras que los humanos intervienen cuando es necesario un nivel más profundo de atención y comprensión.

En resumen, los chatbots y los asistentes virtuales son herramientas poderosas que están cambiando la manera en que las empresas venden y atienden a sus clientes. Ofrecen velocidad, eficiencia y personalización, lo que mejora la experiencia del cliente y aumenta las ventas. Sin embargo, como con cualquier tecnología, es importante usarlos de manera estratégica, combinándolos con la atención humana cuando sea necesario para ofrecer un servicio integral. A medida que la inteligencia artificial sigue evolucionando, es probable que veamos aún más innovaciones en este campo, lo que abrirá nuevas oportunidades para las empresas que estén dispuestas a adaptarse y aprovechar el poder de la automatización.

Andrew Howard

Ventas y Publicidad Programática

La publicidad programática ha transformado el mundo del marketing y las ventas de una manera que antes parecía imposible. En lugar de los métodos tradicionales de publicidad, donde los anunciantes compraban espacios publicitarios en medios específicos de manera manual, la publicidad programática permite comprar esos espacios de manera automatizada y en tiempo real. Esta tecnología utiliza algoritmos y datos para mostrar los anuncios correctos a las personas correctas, en el momento justo y en el lugar adecuado. Todo este proceso sucede de forma automática, lo que lo hace mucho más rápido y eficiente.

La clave de la publicidad programática es su capacidad para dirigirse a audiencias muy específicas. En lugar de lanzar un anuncio a un público amplio, con la esperanza de que las personas interesadas lo vean, la programática permite que los anuncios se muestren solo a aquellos usuarios que tienen más probabilidades de estar interesados en el producto o servicio que se ofrece. Esto se logra mediante el uso de grandes cantidades de datos sobre los usuarios, como su comportamiento en línea, sus intereses, su ubicación y otros factores relevantes. Al segmentar a los usuarios de manera tan precisa, las empresas pueden asegurarse de que cada dólar gastado en publicidad esté bien invertido.

Imagina que tienes una tienda en línea que vende equipos de senderismo. Con la publicidad programática, puedes hacer que tus anuncios se muestren solo a personas que han mostrado interés en actividades al aire libre, han visitado sitios web relacionados con el senderismo o incluso han buscado productos similares al tuyo en internet. En lugar de gastar dinero en publicidad que puede ser vista por personas que no están interesadas en el senderismo, tus anuncios solo aparecerán frente a aquellos que realmente podrían estar interesados en comprar lo que ofreces.

La venta de productos a través de la publicidad programática también se vuelve mucho más eficiente gracias al uso de datos en tiempo real. Supongamos que un usuario está navegando en línea y visita varias páginas relacionadas con la compra de una nueva tienda de campaña.

Si tienes un anuncio de una tienda de campaña en tu sitio, la publicidad programática puede hacer que ese usuario vea tu anuncio en cuestión de segundos, mientras aún está pensando en su compra. Esto permite que tu marca esté presente justo cuando el cliente potencial está listo para tomar una decisión de compra. Este tipo de timing es difícil de lograr con otros métodos publicitarios.

Además, la publicidad programática permite a las empresas realizar una subasta en tiempo real por el espacio publicitario. Cada vez que una página web carga, se lleva a cabo una subasta automatizada en milisegundos, donde los anunciantes pujan por la oportunidad de mostrar su anuncio a un usuario en particular. Si tu oferta es la más alta y el perfil del usuario coincide con tus criterios, tu anuncio se mostrará. Esta subasta ocurre de manera invisible para el usuario, pero es lo que permite que los anuncios se muestren de forma tan rápida y eficiente.

Otro gran beneficio de la publicidad programática es la capacidad de medir y optimizar las campañas en tiempo real. A diferencia de la publicidad tradicional, donde es necesario esperar días o semanas para obtener resultados, la publicidad programática ofrece datos instantáneos sobre el rendimiento de los anuncios. Esto significa que las empresas pueden hacer ajustes a sus campañas sobre la marcha, optimizando los anuncios que mejor funcionan y pausando aquellos que no están obteniendo buenos resultados. Esta capacidad de adaptación rápida es crucial en un entorno de ventas en constante cambio, donde las preferencias de los consumidores pueden variar de un momento a otro.

En términos de ventas, la publicidad programática permite a las empresas cerrar el ciclo de ventas más rápidamente. Al mostrar anuncios relevantes a las personas que ya han mostrado interés en productos similares, se reduce el tiempo que un cliente potencial pasa en la fase de investigación y consideración. Por ejemplo, si un usuario ha visitado tu sitio web y ha dejado productos en el carrito de compra sin finalizar la transacción, puedes utilizar la publicidad programática para mostrarle un anuncio recordándole esos productos. Estos anuncios, conocidos como anuncios de remarketing, son altamente efectivos para recuperar a clientes que estaban a punto de comprar pero que, por alguna razón, abandonaron el proceso.

El remarketing es solo una de las muchas técnicas que se pueden implementar con la publicidad programática. También puedes utilizarla para descubrir nuevos clientes potenciales que quizás no conocías, pero que tienen un perfil de comportamiento en línea similar al de tus mejores clientes actuales. Esta estrategia, conocida como "búsqueda de audiencias similares", utiliza datos y algoritmos para identificar usuarios que comparten características con aquellos que ya han realizado compras en tu sitio. De esta manera, puedes llegar a una audiencia completamente nueva que tiene una alta probabilidad de estar interesada en tus productos o servicios.

Una de las preocupaciones más comunes sobre la publicidad en línea es la privacidad de los usuarios. Con la creciente preocupación por la protección de datos personales, muchas personas se sienten incómodas con la idea de que las empresas utilicen su información para mostrarles anuncios personalizados. Sin embargo, la publicidad programática se está adaptando a estos cambios en las normativas de privacidad, como el Reglamento General de Protección de Datos (GDPR) en Europa, y los anunciantes están encontrando formas de seguir siendo efectivos sin comprometer la confianza del usuario. Esto incluye el uso de datos anónimos y la obtención del consentimiento del usuario antes de recopilar información.

A medida que la tecnología avanza, también lo hacen las posibilidades de la publicidad programática. Hoy en día, no solo puedes mostrar anuncios en sitios web, sino también en aplicaciones móviles, videos en línea y redes sociales. Incluso está comenzando a aplicarse en formatos más tradicionales como la televisión y la radio, a través de lo que se conoce como "publicidad programática de medios tradicionales". Esto significa que, en el futuro, podrías estar viendo anuncios personalizados en tu televisión o escuchándolos en la radio, basados en tus preferencias y comportamiento, de la misma manera que ocurre en línea.

Para las empresas, la publicidad programática representa una oportunidad para ser más eficientes en cómo gastan su presupuesto de marketing. No solo pueden dirigir sus anuncios a las personas adecuadas, sino que también pueden asegurarse de que esos anuncios se muestran en el contexto correcto, en el momento preciso y en el dispositivo adecuado. Esto aumenta considerablemente la probabilidad de que el cliente potencial se convierta en un cliente real, lo que resulta en un retorno de inversión mucho más alto.

Es importante que las empresas que quieren aprovechar la publicidad programática entiendan que no se trata solo de configurar un anuncio y dejar que la tecnología haga el resto. Aunque gran parte del proceso está automatizado, sigue siendo crucial tener una estrategia sólida y realizar un seguimiento continuo del rendimiento de las campañas. Los datos son el corazón de la publicidad programática, y utilizarlos de manera efectiva es lo que permitirá que las campañas sean realmente exitosas. Esto significa revisar constantemente los informes, ajustar las ofertas y el targeting, y probar diferentes enfoques para ver qué funciona mejor.

En resumen, la publicidad programática es una herramienta poderosa para aumentar las ventas de manera eficiente y efectiva. Al utilizar datos y tecnología avanzada, permite que las empresas lleguen a las personas adecuadas, en el momento adecuado, y con el mensaje correcto. Al automatizar gran parte del proceso de compra de medios, ahorra tiempo y recursos, al mismo tiempo que maximiza el impacto de los anuncios. Sin embargo, como con cualquier herramienta, su efectividad depende de cómo se utilice. Una estrategia bien planificada, basada en datos y adaptada a las necesidades del cliente, es lo que realmente hará que la publicidad programática sea una aliada valiosa para cualquier empresa que busque aumentar sus ventas en el mundo digital.